Conta de novo

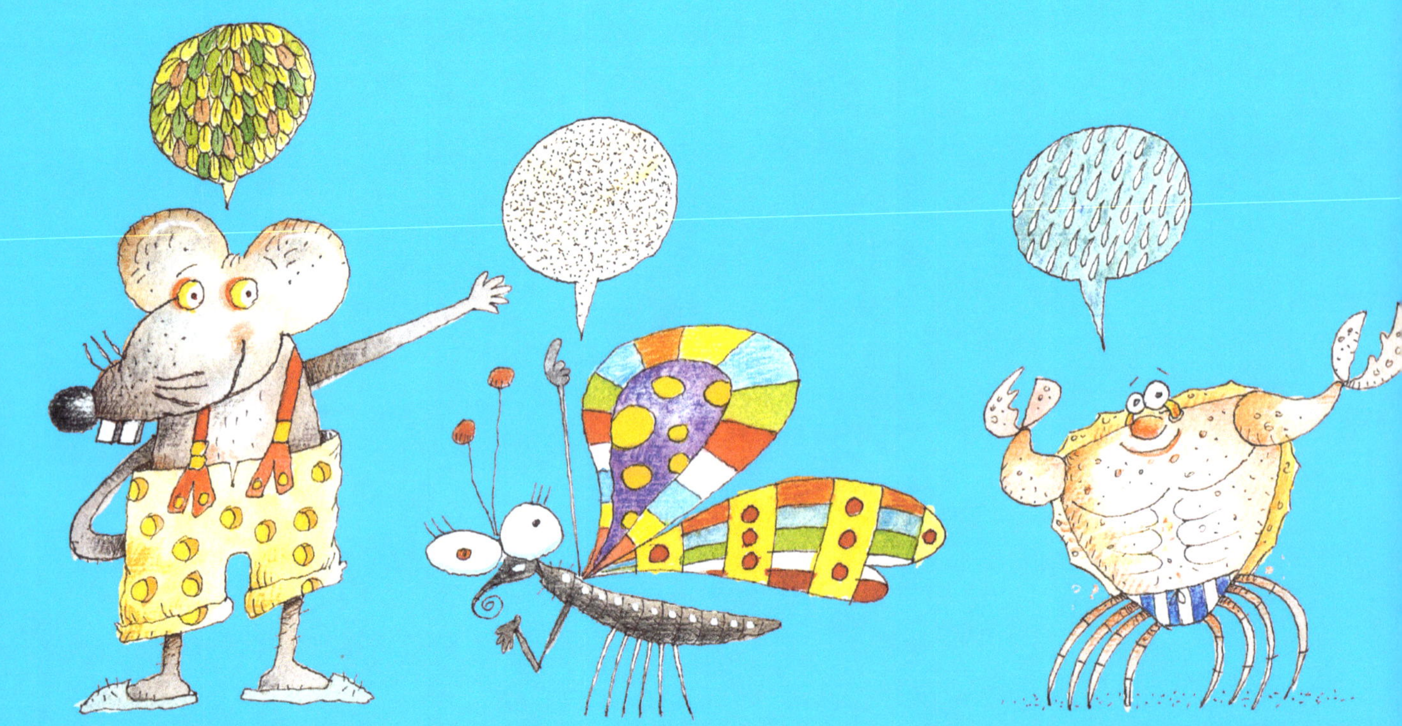

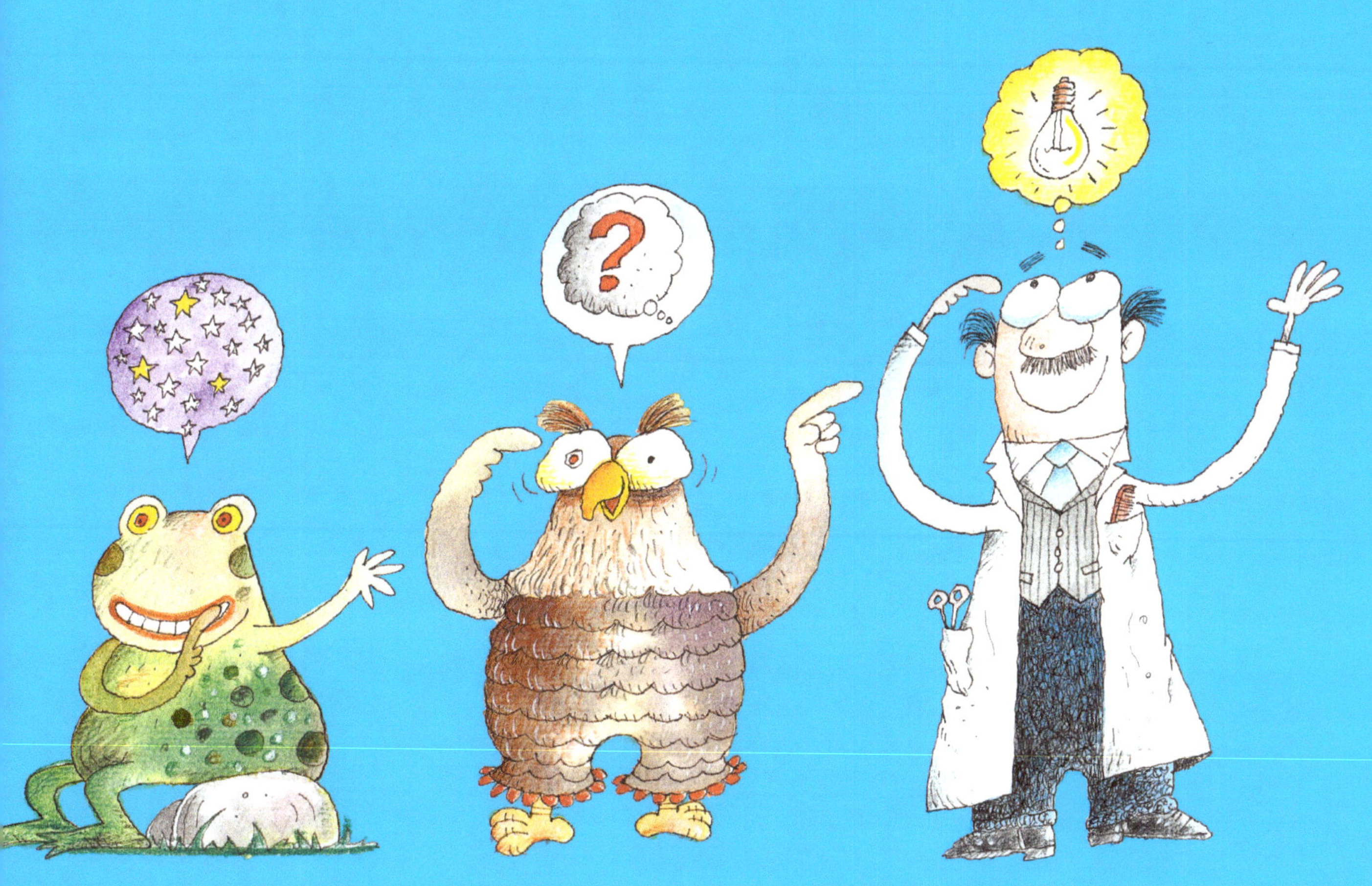

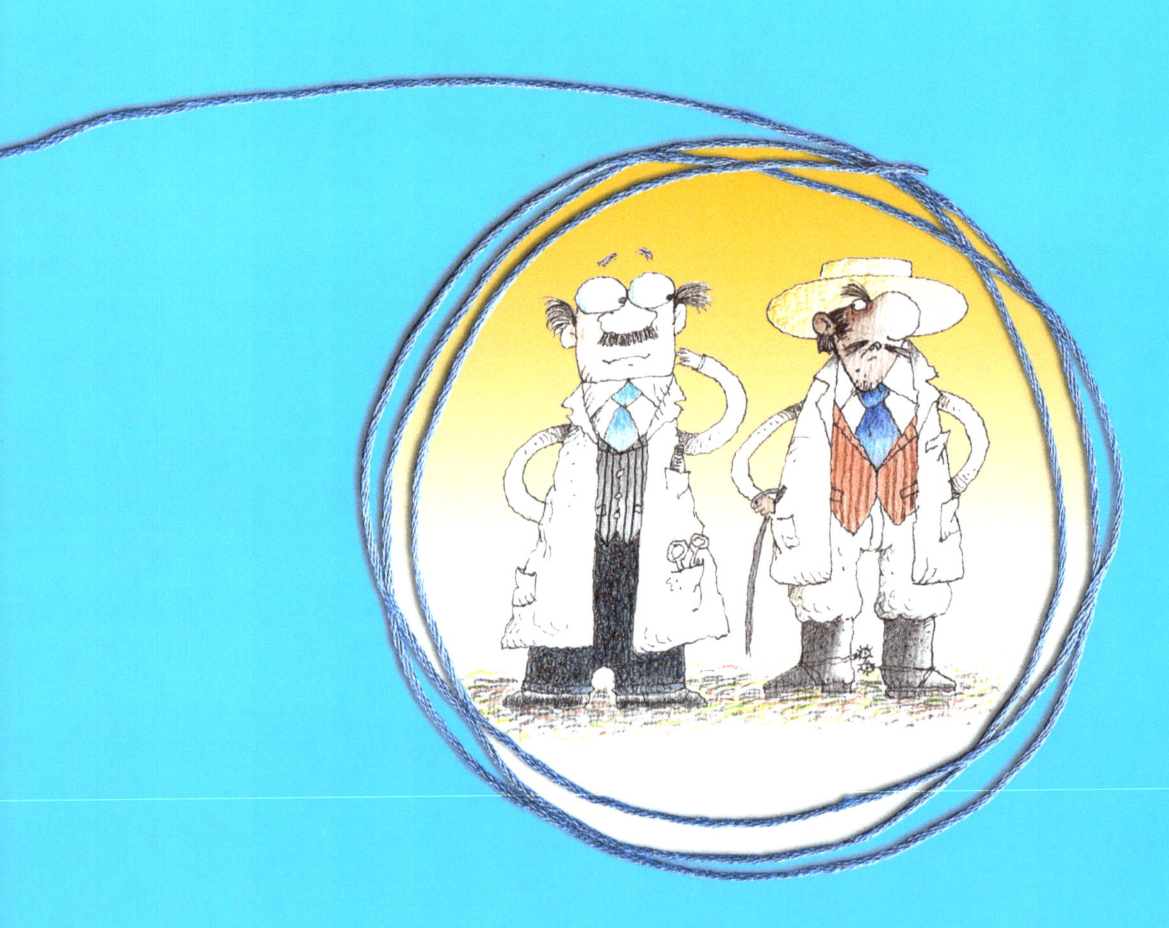

Ana Maria Machado

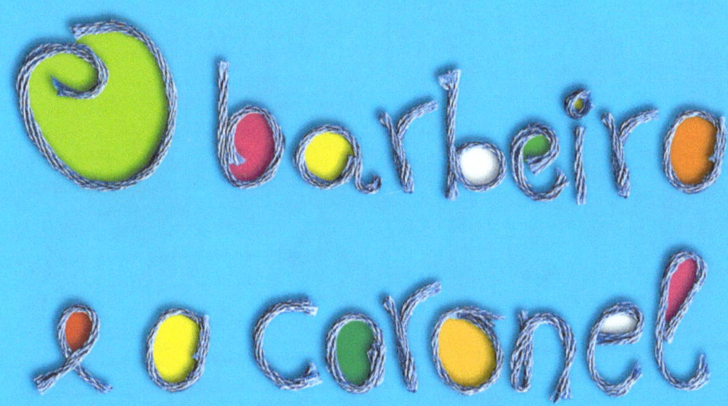

ilustrações * Michele Iacocca

São Paulo - 2003

FTD

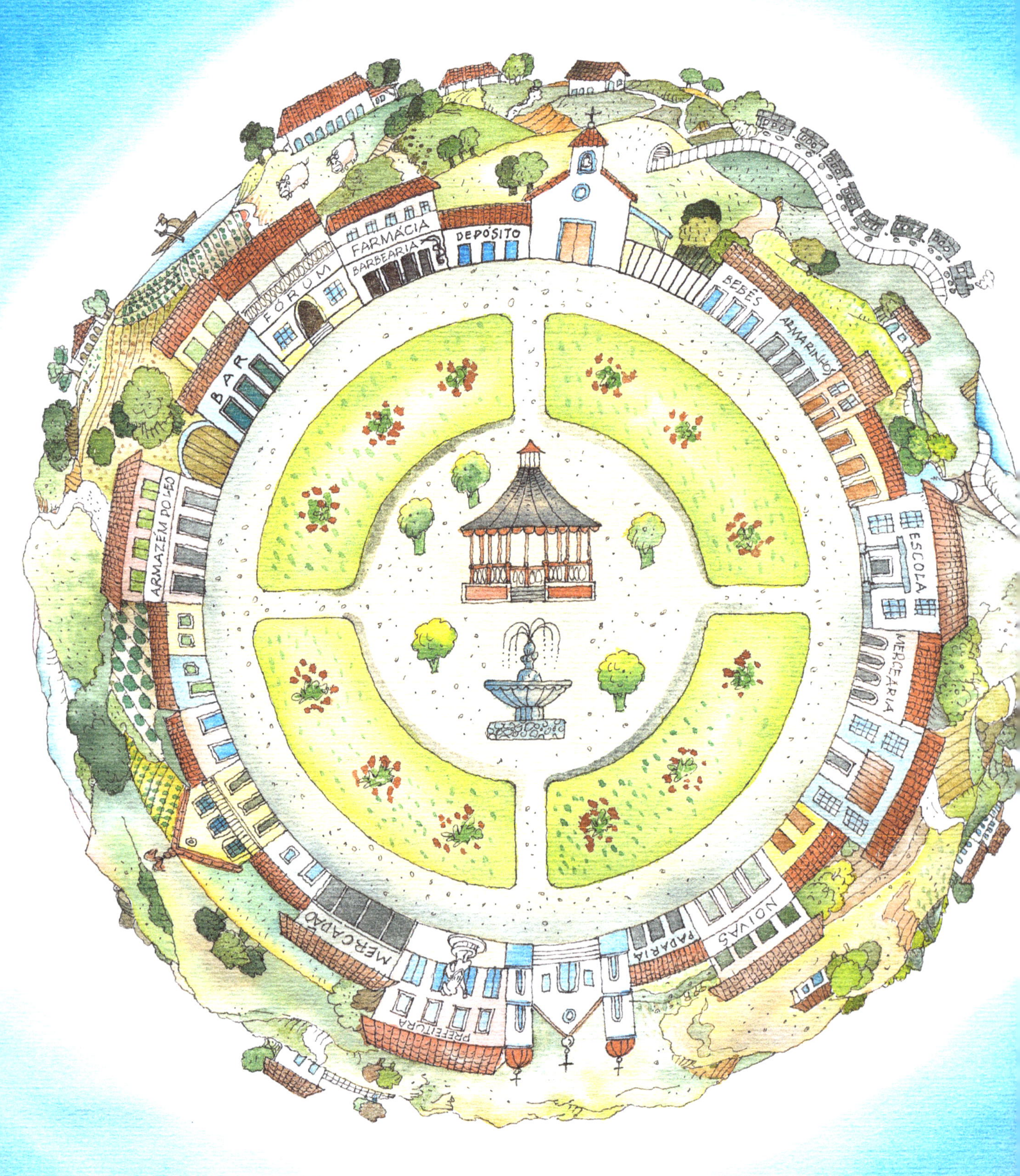
DEPÓSITO
FARMÁCIA
BARBEARIA
FÓRUM
BAR
ARMAZÉM DO LEO
BEBÊS
ARMARINHOS
ESCOLA
MERCEARIA
NOIVAS
PADARIA
MERCADÃO
PREFEITURA

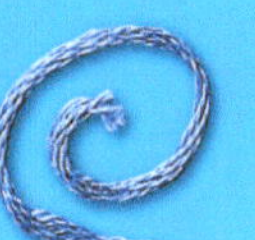

Era uma vez uma cidade pequenina, com poucas ruas, algumas casas e uma praça. No meio da praça, tinha um coreto e um chafariz. Em volta da praça, a prefeitura e a escola, a farmácia e a igreja matriz. Nos fundos da farmácia, ficava a barbearia. E nela ficava o barbeiro, que muito nos interessa. Não para fazer nossa barba, que a história não é bem essa. Mas para viver a aventura que vai começar bem depressa.

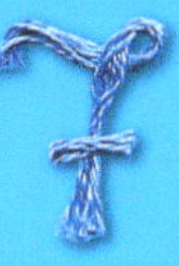

Como ele era o único barbeiro dali, ninguém podia escolher outro. Nem mesmo quem não gostava dele. Nem mesmo o coronel, acostumado a mandar e desmandar em todo mundo. A gritar, berrar, bater, mandar prender. E muitos dizem até – e com muita razão – que ele era também acostumado a mandar matar. Na tocaia e na traição. E andava sempre com seus capangas. Um bandão.

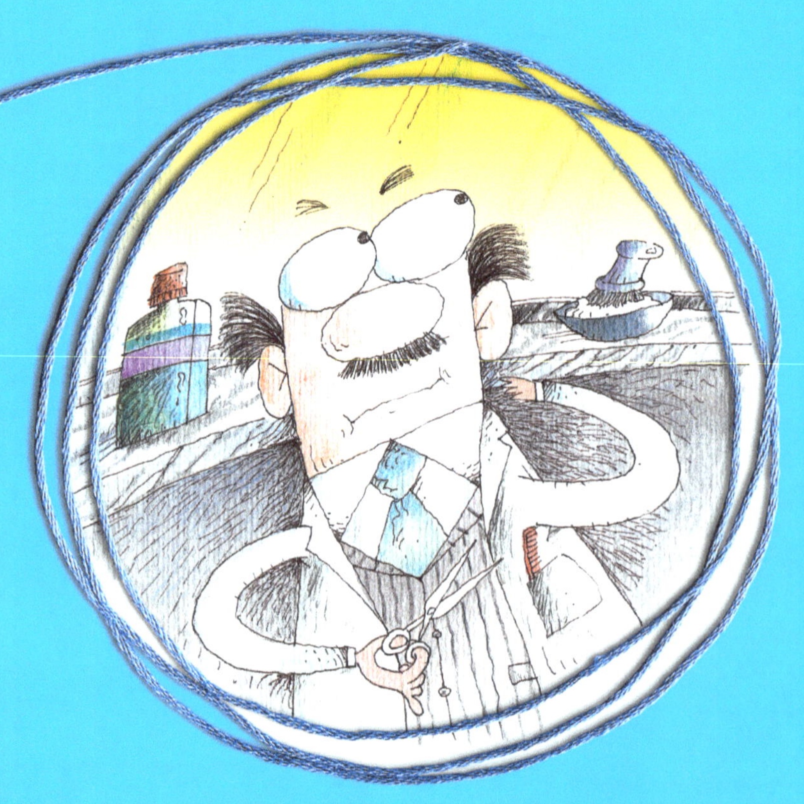

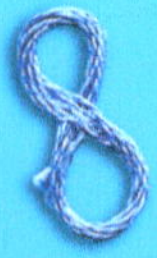

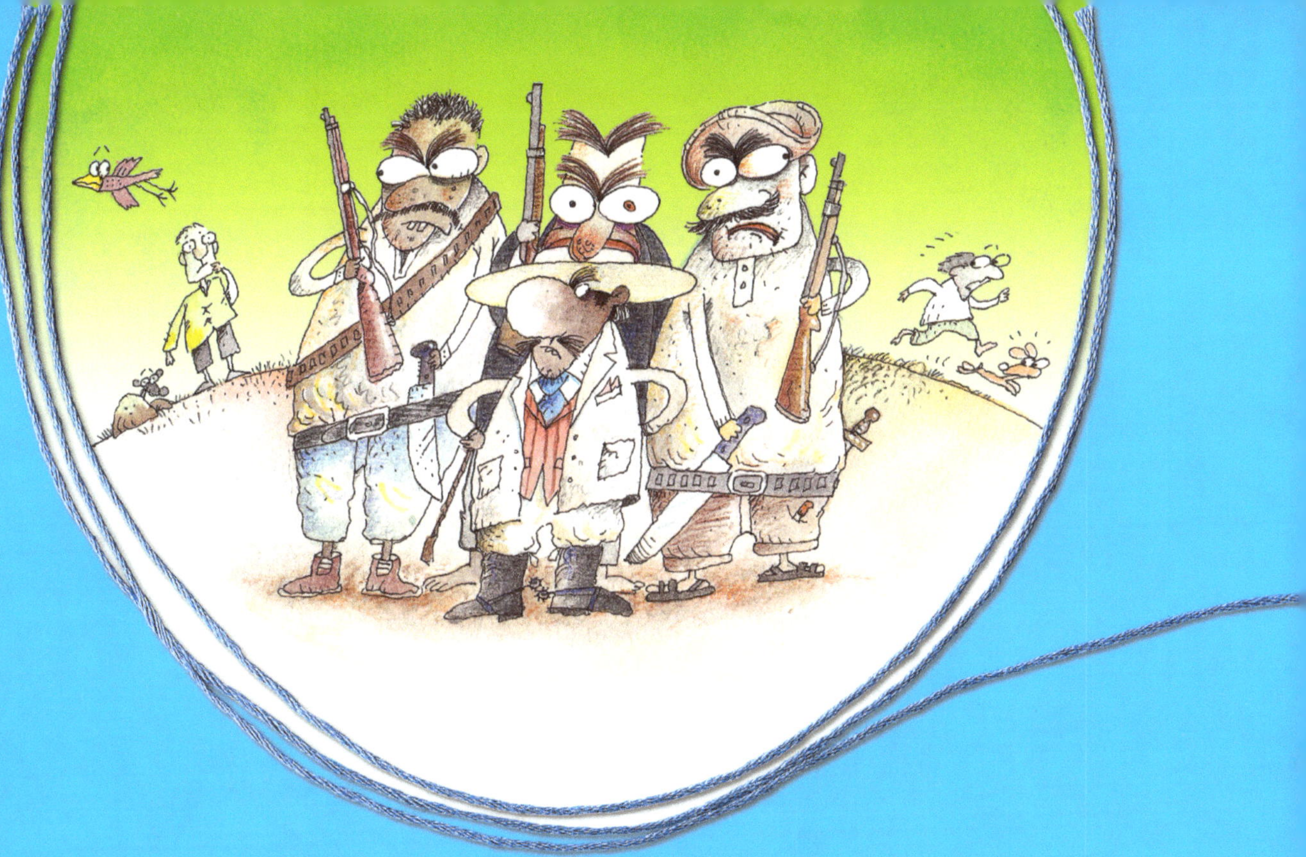

Na verdade, o coronel não era mesmo coronel. Era fazendeiro poderoso – daqueles bem mandões. Mas queria que todos dissessem que ele era coronel. E todos diziam. Até o barbeiro:

– Bom dia, coronel. Há quanto tempo o senhor não aparecia...

E o coronel, logo querendo brigar:

– Está querendo dizer que eu não me trato? Que estou barbudo? Bigodudo? Cabeludo? Quem sabe, até piolhudo? Quem lhe deu o direito de falar assim comigo, seu abelhudo?

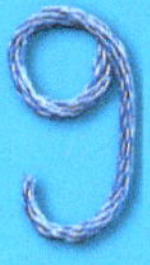

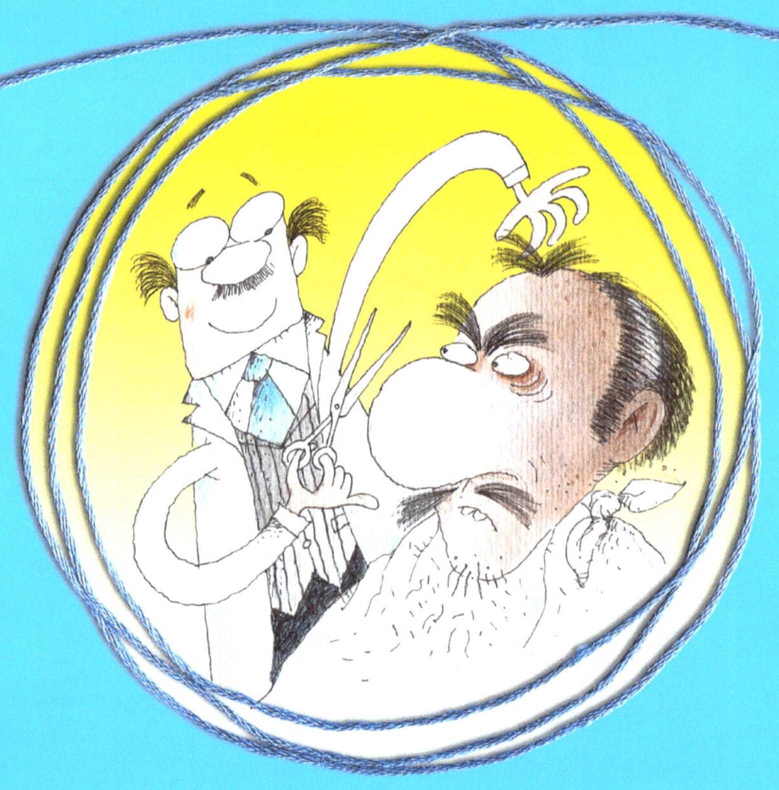

O barbeiro fez de conta que não ouviu, para não ter briga. Mas ficou pensando que, por ele, só trabalhava para gente amiga. E foi tratando de fazer seu serviço logo, com um ar tranquilo, de quem não liga.

Mas como o coronel ficou dando muito palpite, o barbeiro quis ver se acalmava as coisas e disse:

– Pode ficar sossegado, coronel. Deixe por minha conta e eu trato do seu cabelo direitinho. Eu entendo do meu serviço...

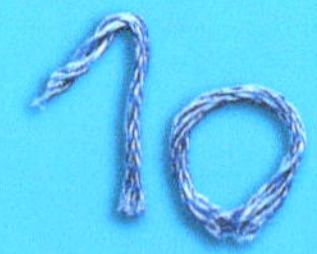

Aí o coronel, que estava mesmo de veneta naquele dia, levantou-se fazendo escândalo:

– Pensa que sabe tudo do meu cabelo, é? Pois vai se arrepender. Vou lhe fazer uma pergunta e, se não souber responder, vai se entender comigo. Você nunca vai se esquecer do seu terrível castigo.

E perguntou:

– Quantos fios de cabelo existem na minha cabeça?

O barbeiro riu e respondeu:

– Só isso? Pensei que o coronel ia fazer alguma pergunta difícil. Mas só quero saber uma coisa. Quem é que vai conferir para saber se estou respondendo certo? Dá muito trabalho contar tudo, fio por fio... Ainda mais com esse cabelo tão curto...

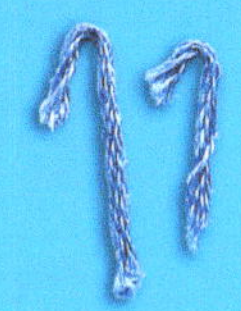

O coronel embatucou. Nisso ele não tinha pensado. O barbeiro propôs:

– E como hoje eu já estava acabando, faço uma sugestão. Daqui a um mês, quando o cabelo estiver mais comprido e mais fácil de conferir, o senhor volta de novo. Então convidamos o juiz, o prefeito, o professor, o padre, o farmacêutico e o delegado. E todos poderão ver se eu estou certo ou errado.

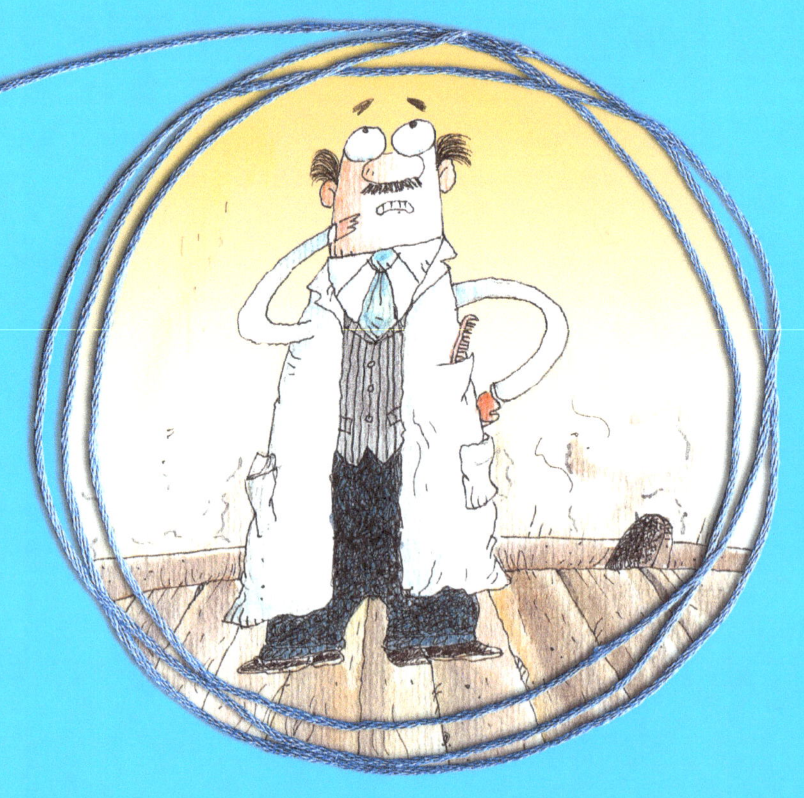

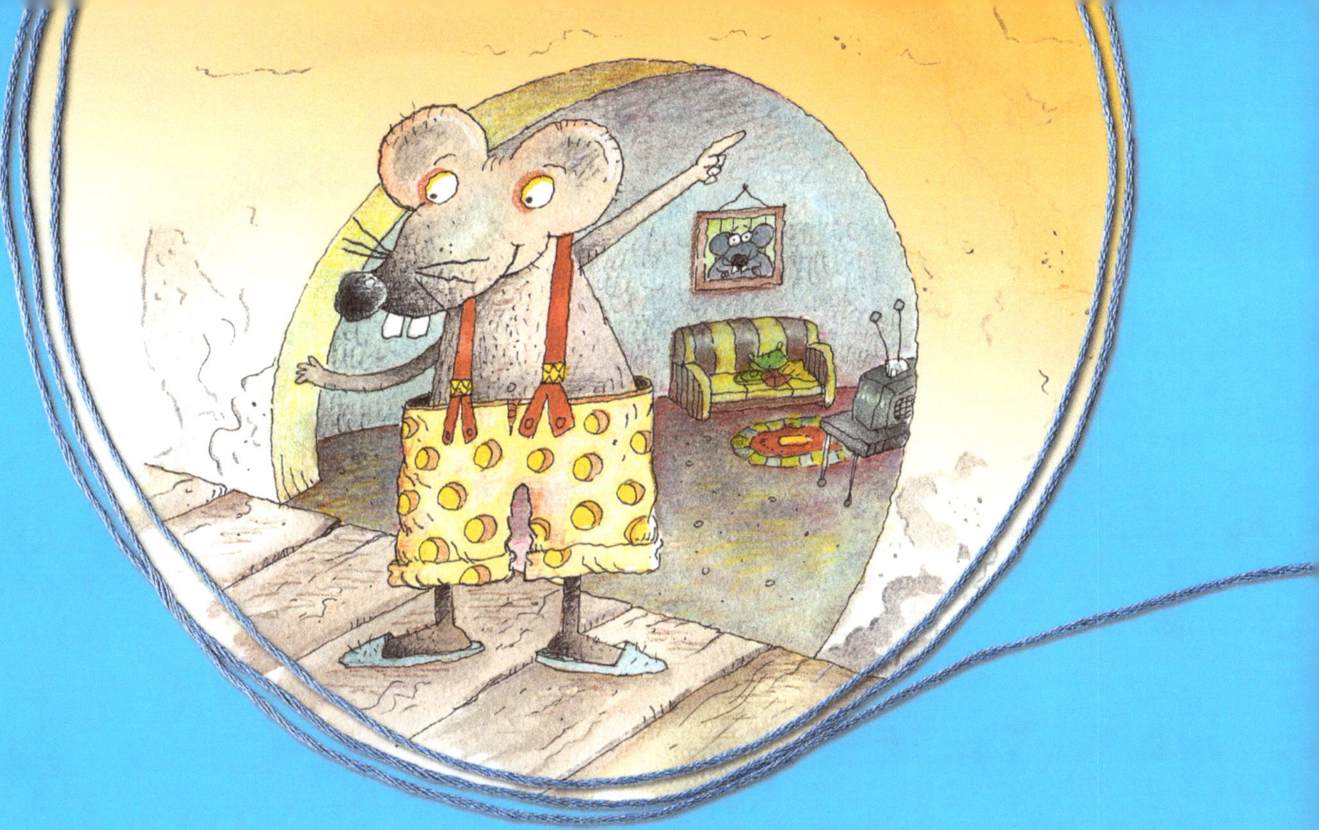

O barbeiro queria era ganhar tempo, pensar no que fazer. Não tinha a menor ideia para sair daquela enrascada. E depois que o coronel foi embora, ficou na maior aflição, quase chorando.

Aí, um ratinho que vivia num buraco no cantinho do salão lhe disse:

– Quer saber na cabeça do coronel quantos cabelos há? Eu lhe digo, se você me disser quantas folhas há nas árvores da mata que lá está...

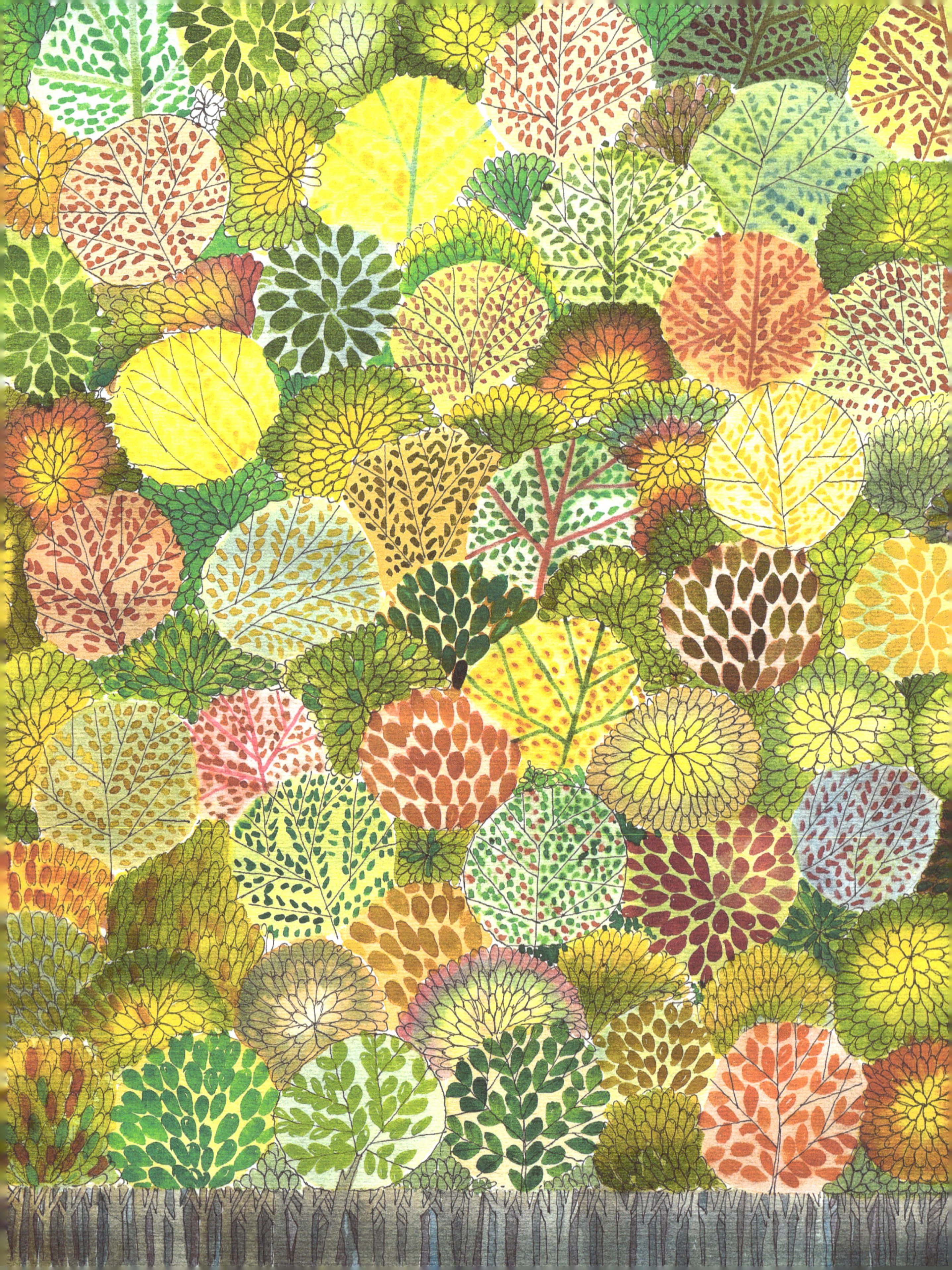

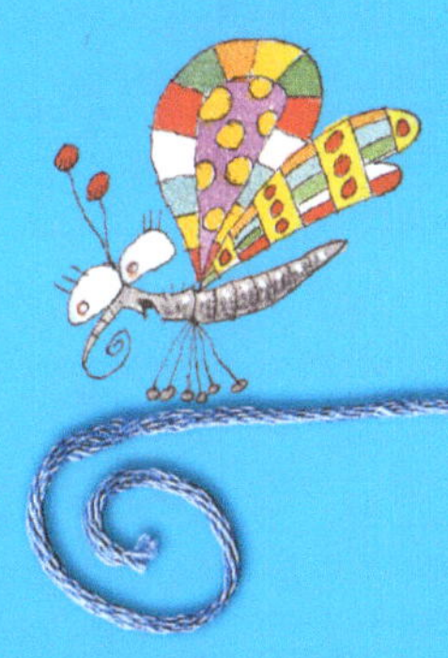

E o barbeiro foi para a mata. Contou, contou, contou e cansou. Já ia desistir quando viu uma borboleta e assim lhe perguntou:

– Para eu saber quantos fios de cabelo
na cabeça do coronel há
e então poder minha vida salvar,
quero saber quantas folhas nas árvores da mata há...

E a borboleta respondeu:

– Eu lhe digo, se você me disser quantos são os grãos de areia da praia na beira do mar.

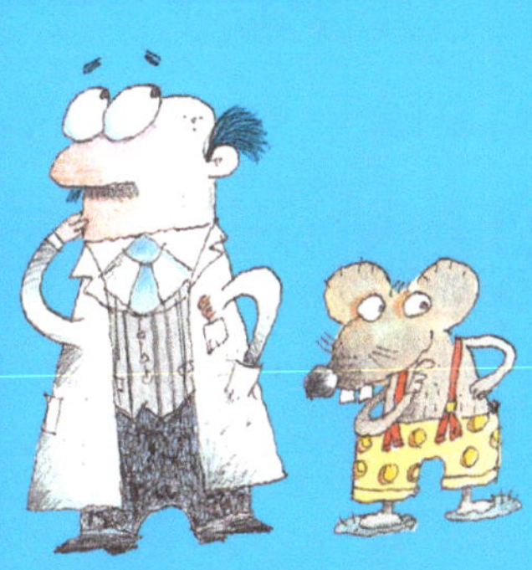

O barbeiro foi para a praia. Contou, contou, contou e cansou. Já ia desistir quando viu um siri e assim lhe perguntou:

– Para eu saber quantas folhas
nas árvores da mata há,
e então eu saber quantos fios na cabeça do coronel há,
e então poder minha vida salvar,
quantos são os grãos de areia da praia na beira do mar?

E o siri respondeu:

– Eu lhe digo, se você me disser quantas são as gotas d'água daquela lagoa de lá...

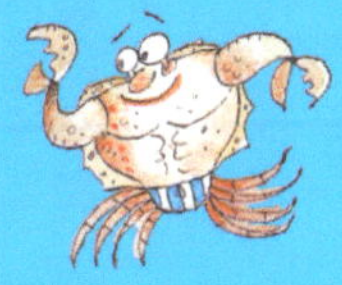

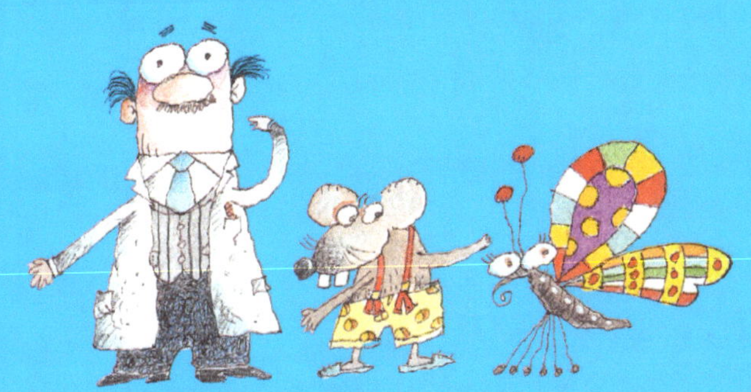

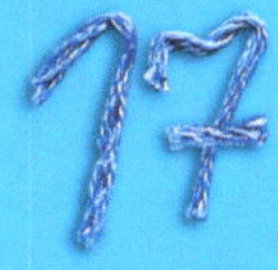

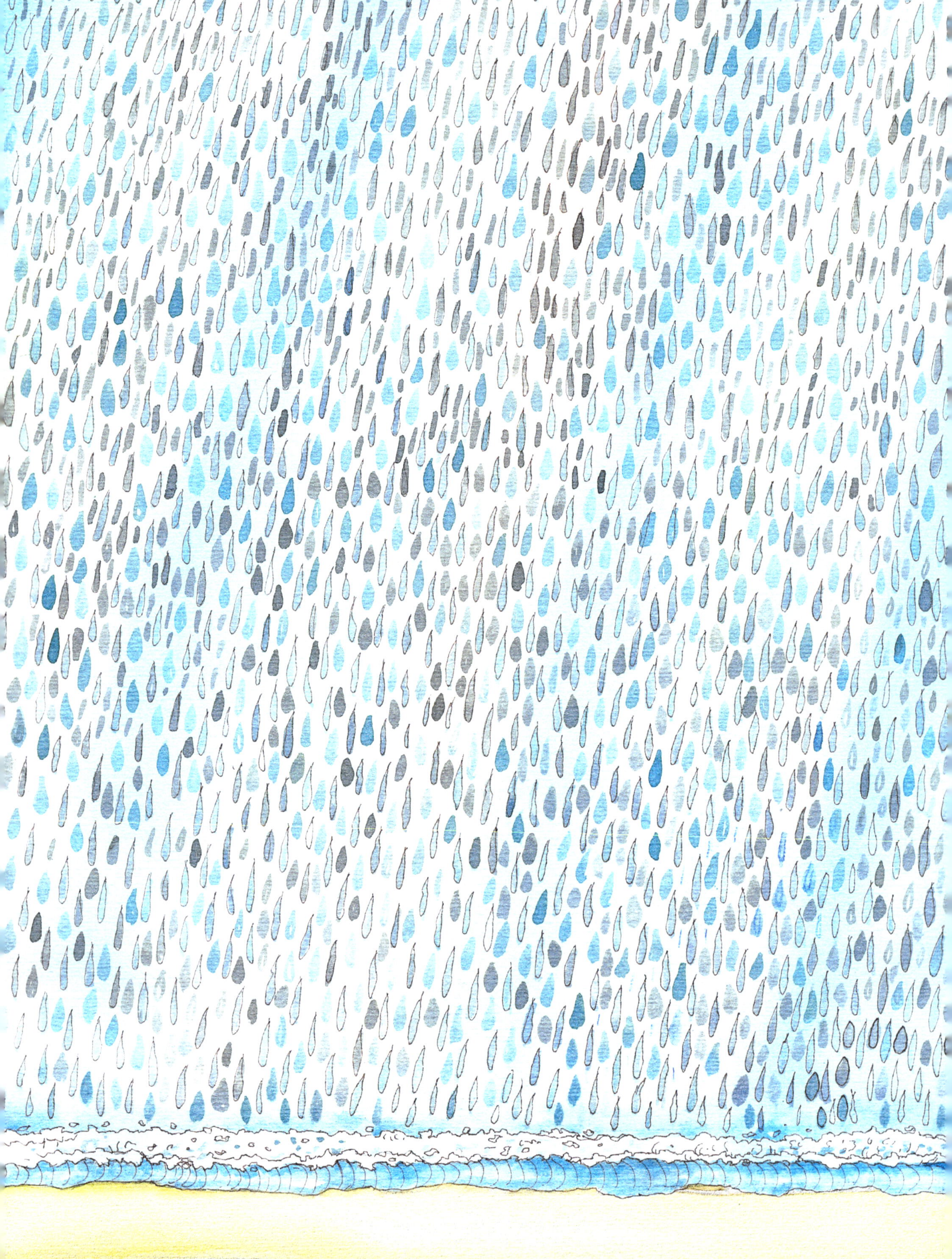

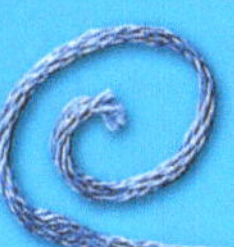

O barbeiro foi para a lagoa. Contou, contou, contou e cansou. Já ia desistir quando viu um sapo e assim lhe perguntou:

– Para eu saber dos grãos de areia que existem na praia do mar,
e então saber quantas folhas nas árvores da mata há,
e então saber quantos fios na cabeça do coronel há,
e então poder minha vida salvar,
quantas são as gotas d'água nesta lagoa de cá?

E o sapo lhe respondeu:

– Eu lhe digo, se você me disser quantas são as estrelas do céu numa noite sem luar.

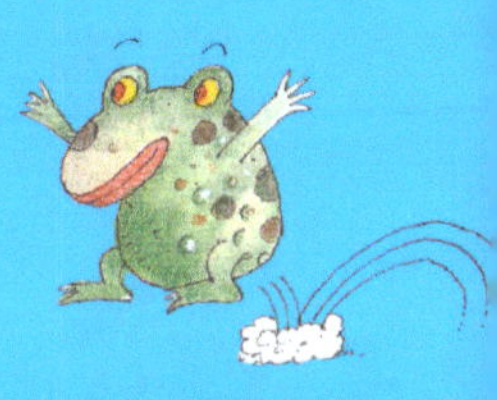

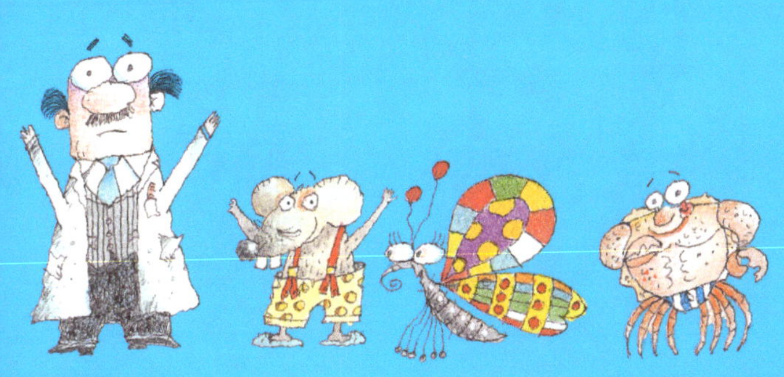

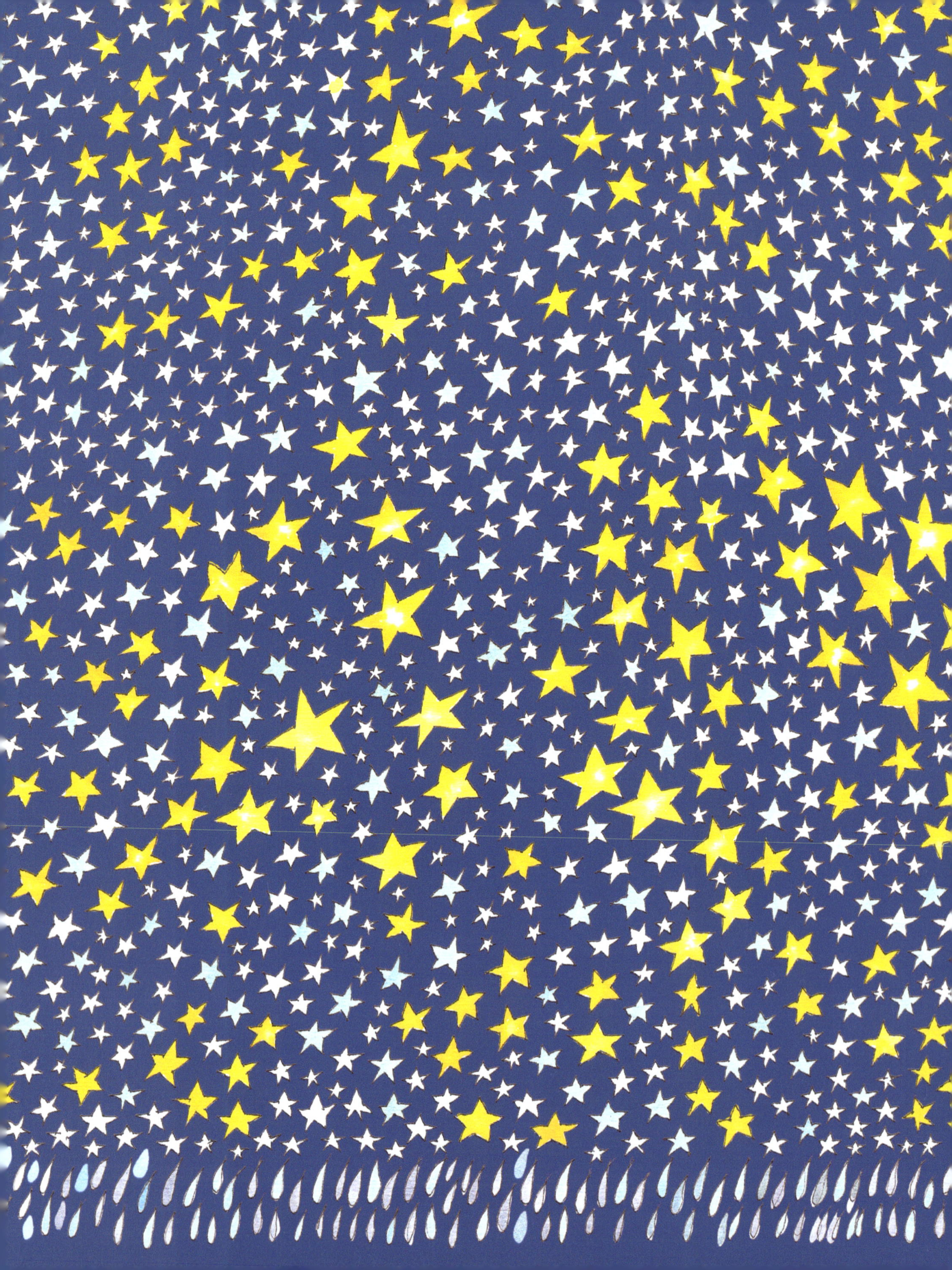

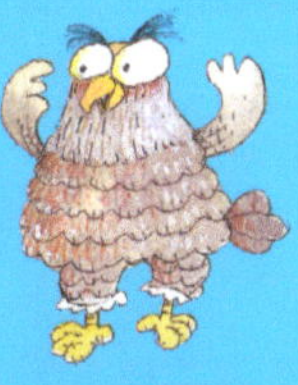

O barbeiro esperou a noite. Contou, contou, contou e cansou. Já ia desistir quando viu uma coruja e assim lhe perguntou:

– Para eu saber das gotas d'água naquela lagoa de lá,
e então saber dos grãos de areia que existem na praia do mar,
e então saber quantas folhas nas árvores da mata há,
e então saber quantos fios na cabeça do coronel há,
e então poder minha vida salvar,
quantas são as estrelas do céu numa noite sem luar?

E a coruja respondeu:

– Eu lhe digo, se você me disser quantos são os pensamentos que você é capaz de pensar.

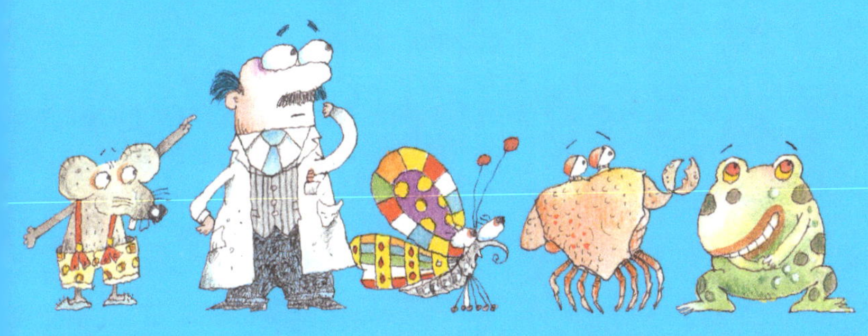

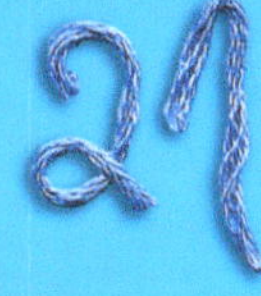

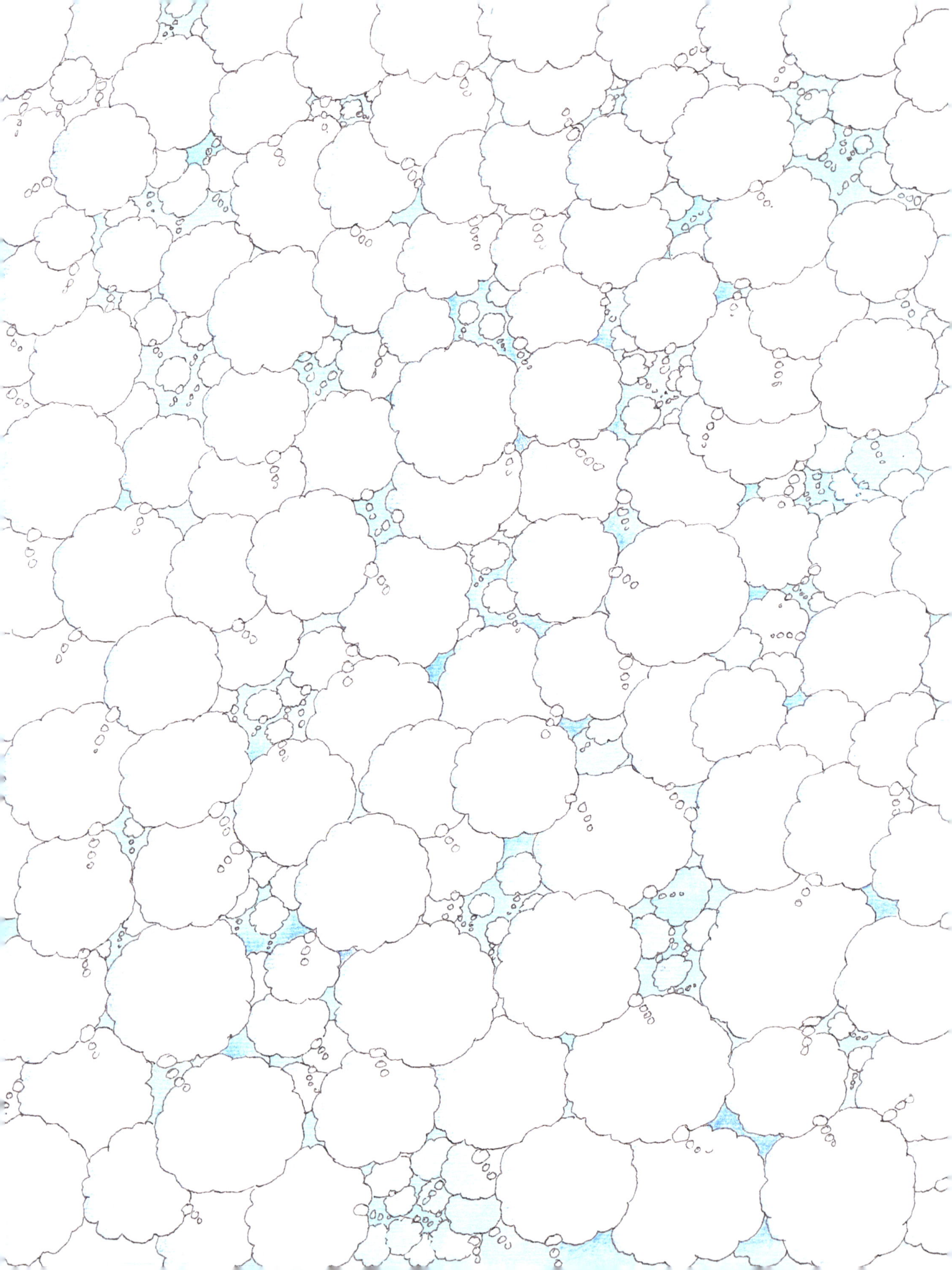

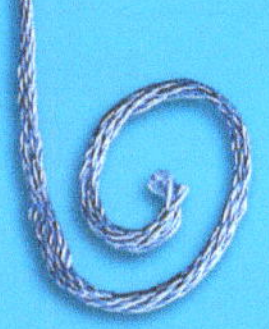

E o barbeiro começou a pensar. Pensamentos, ideias, sonhos e lembranças. Essas coisas que não acabam mais na cabeça de cada um, homem ou mulher, velho ou criança.

E nunca dava para contar. Mas deu para uma boa ideia chegar:

– Nem coruja, nem siri, nem sapo, nem borboleta, nem rato, nenhum bicho vai me ensinar o que eu mesmo é que vou inventar.

E todo decidido, voltou para casa sem saber
quantas são as estrelas do céu numa noite sem luar,
nem quantas são as gotas d'água naquela lagoa de lá,
nem quantos são os grãos de areia na praia da beira do mar,
nem quantas folhas nas árvores da mata há.

Mas sabendo muito bem como ia se salvar.

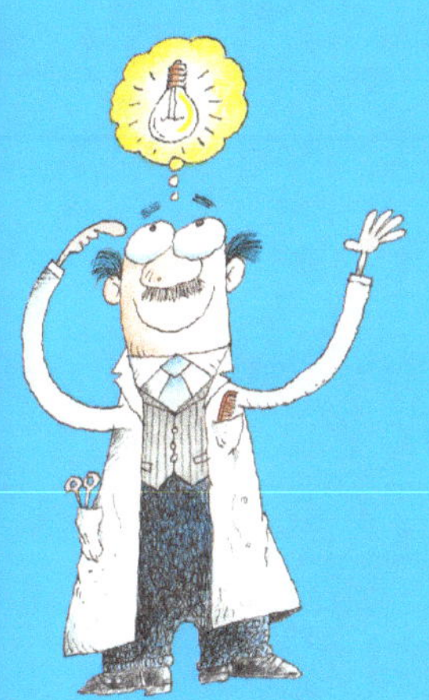

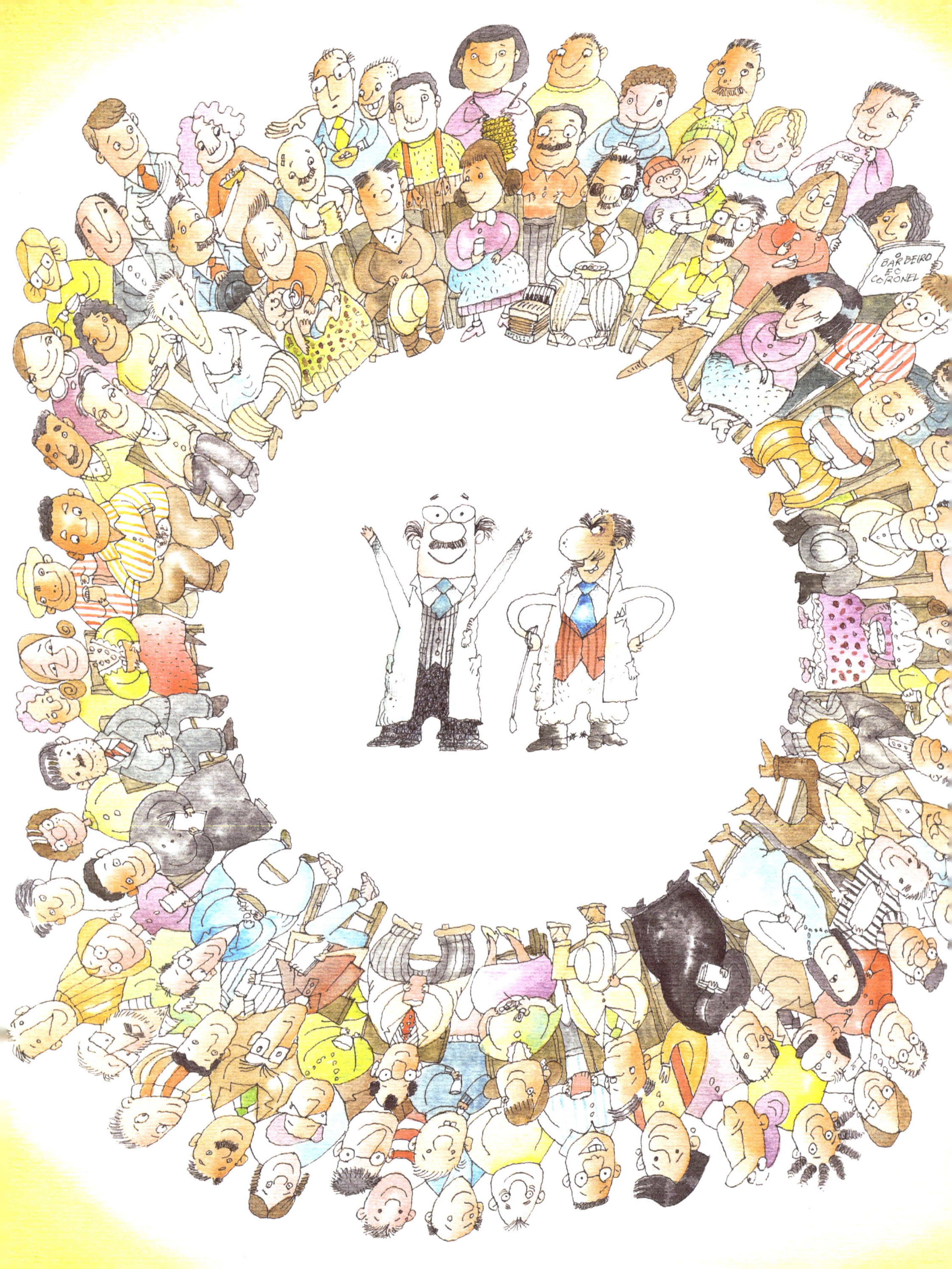
O BARBEIRO E O CORONEL

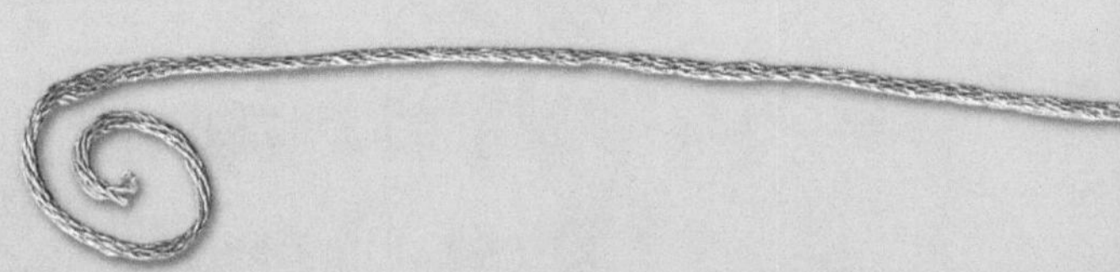

E quando o dia chegou, ele nem se incomodou.

Na sala de espera da barbearia, arrumou várias cadeiras. Para toda a capangada e para os convidados também. Do prefeito ao delegado, do professor ao juiz, mais o padre e o farmacêutico. Todos com suas famílias – mulher, filhos, netos, sobrinhos. Uma multidão. Nem cabia no salão. Mandou servir cafezinho, bolo, pipoca de encher a mão. E depois anunciou:

– Agora, na sala dos fundos, vou com xampu trabalhar. Fazer espuma, lavar, e os cabelos do coronel vou muito bem pentear. Depois voltamos aqui, para cada um poder contar.

Não demoraram muito. Vinte minutos, se tanto.

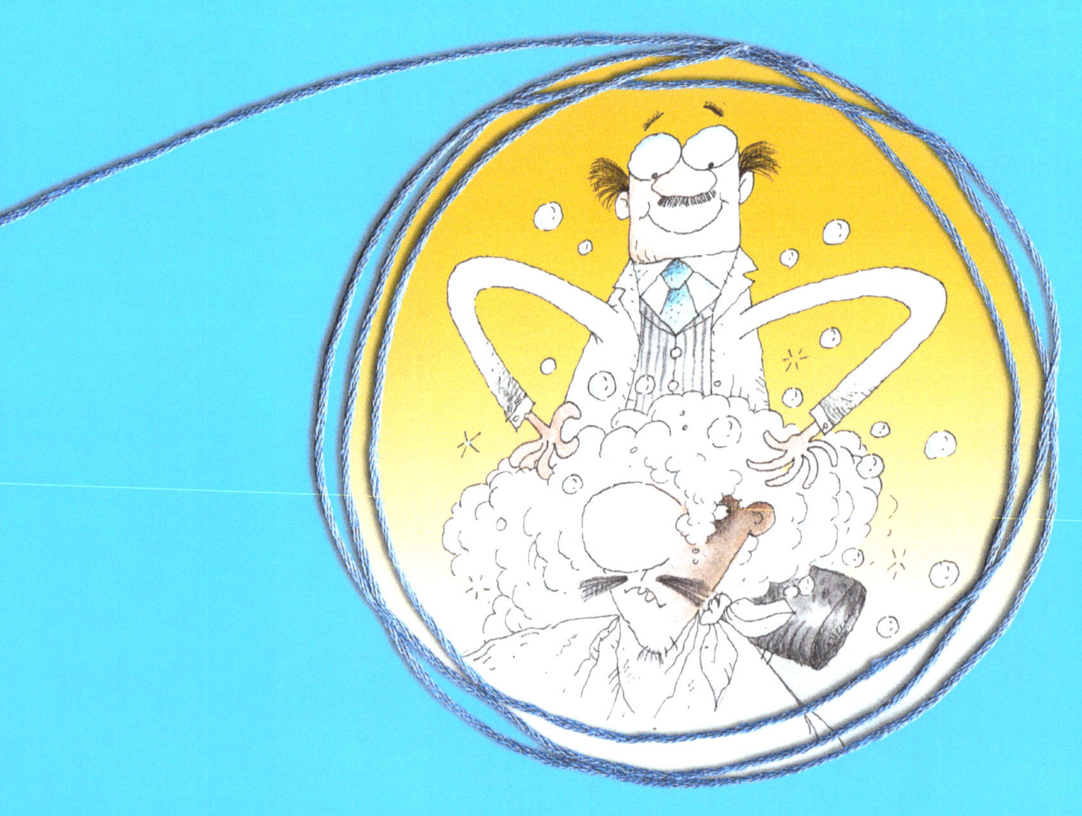

Mas quando de lá saíram, o que se viu foi um espanto: o barbeiro sorridente, rindo, fazendo escarcéu, e um careca encabulado, com a roupa de coronel.

– Atenção, senhoras e senhores – chamou o barbeiro. – Quero agora informar quantos fios de cabelo na cabeça do coronel há.

Não é como as folhas das árvores
nem como as areias do mar.
Não é como a água da lagoa
nem como as estrelas sem luar. Principalmente,
não é como o que cada um de nós é sempre capaz de pensar.
Na cabeça do coronel, que tanto gosta de mandar,
pouca coisa existe dentro para poder conversar.
E pelo lado de fora, nenhum fio de cabelo há.

E quando viram à sua frente, de cabeça bem raspada, o coronel sem valentia, caíram todos na gargalhada. E foi só uma risada, do juiz à criançada, com uma força tão grande que assustou a capangada.

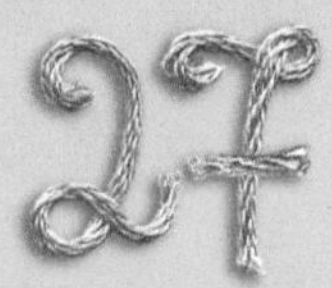

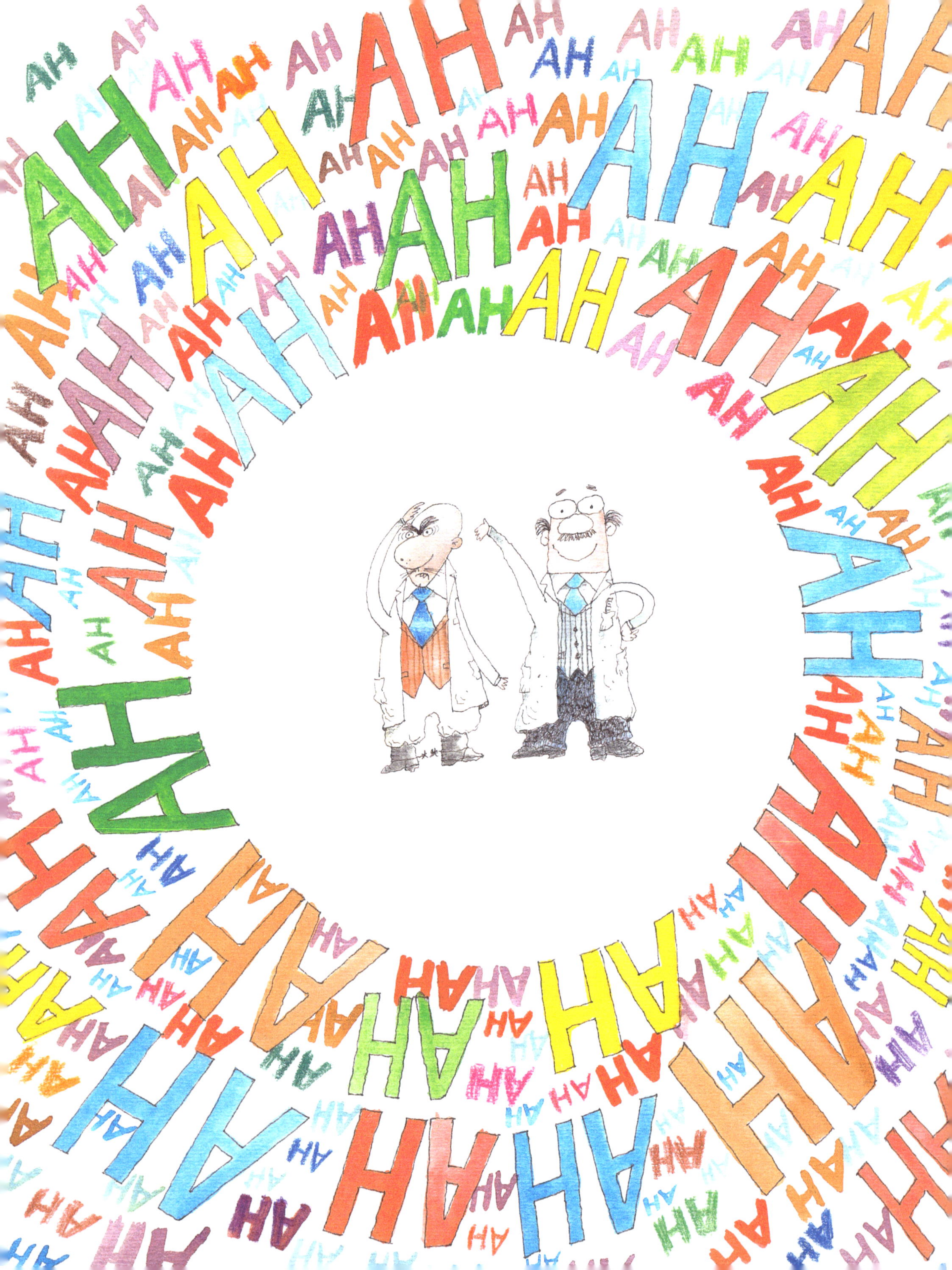
AH AH AH AH AH AH

Os capangas foram embora e o coronel foi atrás. Saíram por ali afora, não voltaram nunca mais.

O cabelo voltou é claro – o que tem raiz nasce de novo. Mas nunca mais voltou a força para o coronel mandar no povo. Pois todos ficaram vendo que o riso e o pensamento conseguem logo fazer do medo um esquecimento. E a coragem surge linda como vida que sai do ovo.

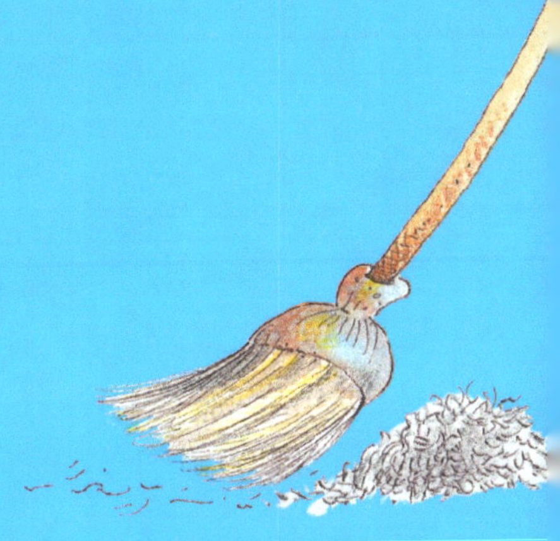

Quem é

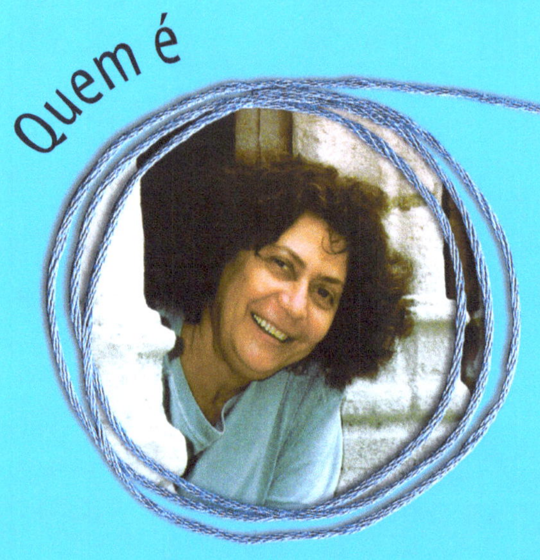

Ana Maria Machado

Meu nome é Ana Maria Machado e eu vivo inventando histórias. Algumas delas, eu escrevo. E dessas que eu escrevo, algumas andam virando livros. Em sua maioria, livros infantis, quer dizer, livro que criança também pode ler. Adoro meu trabalho. Ainda bem, porque acho que não ia conseguir viver se não escrevesse. Tanto assim que já fui professora, já fui jornalista (já fui até chefe de uns trinta jornalistas ao mesmo tempo), já fiz programa de rádio e acabei largando tudo para só viver de livro.

Coisas de que gosto: gente, mar, sol, natureza em geral, música, fruta, salada, cavalo, dançar, carinho. Coisas que eu não aguento: qualquer forma de injustiça ou prisão e gente que quer cortar a alegria dos outros. Mas isso nem precisava dizer – é só ler meus livros que todo mundo fica sabendo.

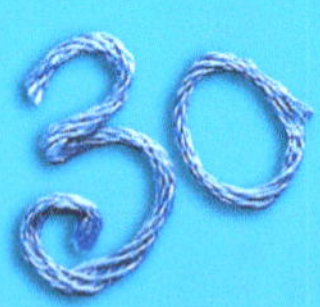

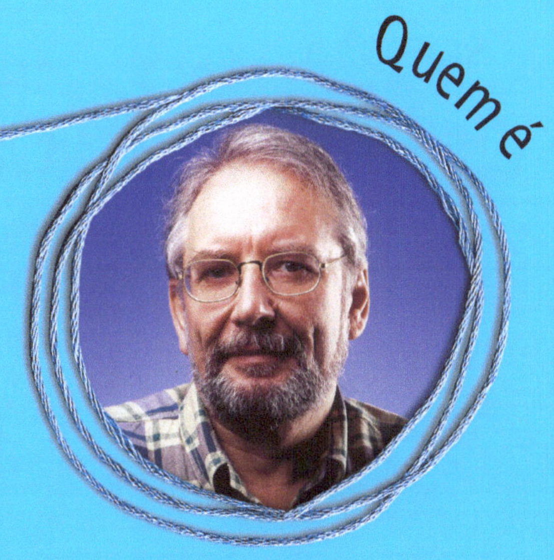

Quem é Michele Iacocca

Nasci na Itália e vivo no Brasil desde a juventude. Com formação em Artes Plásticas, optei pela linguagem do cartum e da ilustração.

Com mais de cem livros ilustrados para crianças e jovens, recebi importantes prêmios pelo meu trabalho. Aprecio o que faço e cada texto acaba sendo um desafio para a minha criação, na concepção, no traço e na emoção que procuro transmitir ao leitor.

Quando estou criando, imagino crianças ao meu redor, interferindo, dando palpites, brincando com os desenhos.

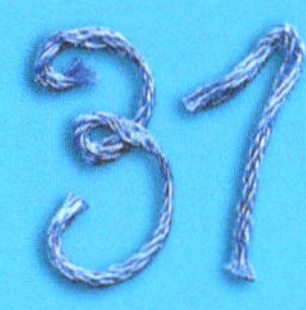

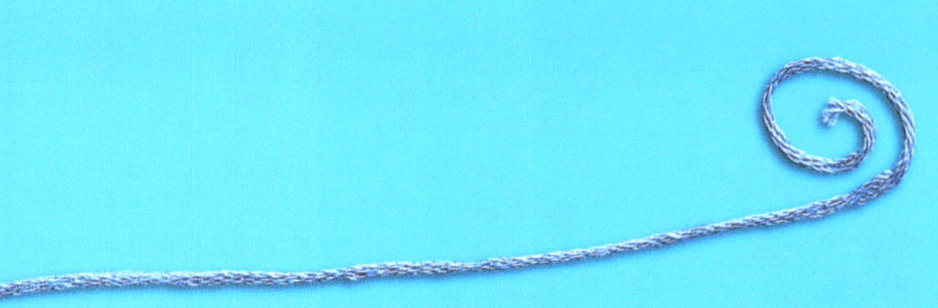

EDITORA FTD S.A.
Matriz: Rua Rui Barbosa, 156 (Bela Vista) São Paulo – SP – CEP 01326-010
Tel. (0xx11) 3598-6000 – Caixa Postal 65149 – CEP da Caixa Postal 01390-970
Internet: www.ftd.com.br – E-mail: projetos@ftd.com.br

Gerente editorial Ceciliany Alves ⩳ **Editora** Dulcy Grisolia ⩳ **Editora assistente** Miriam Chinalli ⩳ **Coordenadora de revisão** Elvira da Rocha Kurata ⩳ **Preparadores e revisores de texto** Adolfo José Facchini, Jane dos Santos Coelho Taniguchi, Regina Célia Barrozo ⩳ **Editora de arte** Glair Alonso Arruda ⩳ **Projeto gráfico (capa e miolo)** Glair Alonso Arruda ⩳ **Ilustrador** Michele Iacocca ⩳ **Diagramadores** Edgar Sgai, Sheila Moraes Ribeiro, Oseias Dias Sanches ⩳ **Assistente editorial** Lilia Pires ⩳ **Digitadora** Maria Lamano
Editoração eletrônica Alceu Medeiros, Eziquiel Racheti, Vânia Aparecida Maia de Oliveira ⩳ *Coordenação* Carlos Rizzi e Reginaldo Soares Damasceno

Dados Internacionais de Catalogação na Publicação (CIP)
(Câmara Brasileira do Livro, SP, Brasil)

Machado, Ana Maria
O barbeiro e o coronel / Ana Maria Machado ; ilustrador Michele Iacocca. — São Paulo : FTD, 2003. — (Coleção conta de novo)

1. Literatura infantojuvenil I. Michele Iacocca. II. Título. III. Série.

03-1816 CDD-028.5

Índices para catálogo sistemático:
1. Literatura infantil 028.5
2. Literatura infantojuvenil 028.5

www.ingramcontent.com/pod-product-compliance
Lightning Source LLC
LaVergne TN
LVHW070153230826
846093LV00002B/19

* 9 7 8 8 5 3 2 2 5 0 6 7 4 *